Dieses Buch gehört

★ ——————————————————————————————— ★

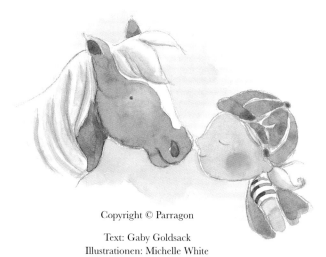

Parragon
Queen Street House
4 Queen Street
Bath BA1 1HE, UK

Übersetzung aus dem Englischen:
Kathrin Jurgenowski (für rheinConcept)
Redaktion und Satz: rheinConcept, Wesseling
Koordination: trans texas GmbH, Köln

ISBN 1-40545-431-8
Printed in China

Mein liebstes Pony

Text: Gaby Goldsack ★ Illustrationen: Michelle White

p

Es war Sommer, und die Ponys vom Wiesenhof standen dösend auf der Weide. Alle wirkten zufrieden, aber ein Pony war besonders fröhlich. Es hieß Paulchen. Paulchen war das glücklichste Pony auf dem Wiesenhof.

Er war weder der Schönste noch der Klügste und schon gar nicht der Schnellste! Doch Paulchen störte das überhaupt nicht.

Er hatte es einfach am besten, denn er gehörte Maja – dem freundlichsten, nettesten, liebsten Mädchen, das sich ein Pony nur wünschen konnte.

Maja liebte Paulchen heiß und innig. Sie fand,
er war das beste Pony der Welt.

Bei jedem Besuch schenkte sie
ihm eine saftige Möhre.

Stundenlang striegelte sie seine
störrische Mähne.

Maja war nie gemein oder schlecht gelaunt. Sie machte die schönsten
Ausritte mit Paulchen. Sie beachtete die Kinder und Ponys gar nicht, die
Paulchen auslachten, wenn er ein Hindernis umwarf oder langsamer
war als die anderen.
„Die sind doch bloß neidisch", flüsterte sie ihm dann zu.
„Weil du das beste Pony auf dem ganzen Hof bist." Meistens glaubte
Paulchen ihr. Schließlich hatte Maja immer Recht!

An einem Sommerabend lief Maja auf die Weide. In der Hand hielt sie einen Zettel.

„Schau mal", rief sie. „Auf dem Wiesenhof findet morgen ein Reiterfest statt! Es gibt Spiele und Springturniere und sogar eine Pferdeschau. Ich kann es kaum erwarten! Wir gewinnen sicher viele hübsche Preisschleifen."

Reiterfest
auf dem
Wiesenhof!
Spiele
Springturniere
Pferdeschau

Maja rannte davon, um den anderen von dem Fest zu erzählen, und Paulchen zuckte nervös mit den Ohren. Ein Reiterfest klang nicht besonders verlockend für ihn. Er fragte sich, ob so ein Wettbewerb das Richtige für ihn war. Wie sollte er sich denn gegen die anderen Ponys behaupten, die so viel stärker, schneller und schöner waren als er?

„Oje", dachte Paulchen. „Maja möchte doch so gerne viele hübsche Schleifen gewinnen, und ich will sie nicht enttäuschen. Was soll ich nur tun?"

Später am Abend, als die Weide schon im Dunkeln lag, schlich sich Paulchen an den schlafenden Ponys vorbei. „Ich muss nur heimlich üben", dachte er und nahm die Hürden am anderen Ende der Weide in Augenschein. „Dann werde ich Maja auch nicht enttäuschen."

Im gestreckten Galopp näherte sich Paulchen den Hürden. Wiehernd flog er auf das erste Hindernis zu. „Autsch!" quiekte er dann, als er mit dem Bauch gegen das Hindernis stieß und es umfiel.

Paulchen ließ sich nicht beirren und stürzte sich mutig auf das nächste Hindernis. Doch er war schon viel zu schnell.

Er konnte nicht rechtzeitig abspringen und stolperte in die Hürde hinein. Die Stangen flogen in alle Richtungen!

Als Paulchen sich aufrappelte, hörte er wieherndes Gelächter. Er hatte so einen Lärm gemacht, dass die anderen Ponys aufgewacht waren. Toto, das größte Pony, sagte lachend: „Ich glaube, du bist einfach zu klein zum Springen." „Und zum Laufen sind deine Beine zu kurz", wieherte Schwalbe, das schnellste Pony.

„Für die Pferdeschau bist du außerdem zu struppig", bemerkte die eitle Prinzess mit dem glänzenden Fell.

„Von den Spielen kannst du sicher auch keins gewinnen. Du bist zu dick", schloss der schlanke Benny.

Nachdem die anderen Ponys wieder schlafen gegangen waren, senkte Paulchen beschämt den Kopf und weinte bitterlich. „Sie haben alle Recht", schniefte er. „Ich bin zu gar nichts gut. Ich werde Maja bei dem Reiterfest ganz sicher enttäuschen!" Während die Gedanken so durch seinen Kopf purzelten, fiel Paulchen in einen unruhigen Schlaf.

Im Traum erschien ihm ein wunderschönes weißes Pferd. Es trug einen silberglänzenden Anhänger um den Hals. „Hab keine Angst", flüsterte es. „Ich bin das weiße Zauberpferd. Ich werde dir helfen." Paulchen blinzelte. Das Pferd rief:

„Sei mutig, Paulchen, folge mir!
Das beste Pony zeig ich dir."

Paulchen war sehr überrascht, als er spürte, wie seine Hufe vom Boden abhoben.

Er jubelte laut, zappelte mit den Beinen und segelte quer über den Himmel.

„Ich kann fliegen!", rief er dem weißen Zauberpferd zu.

„Schau mal nach unten", erwiderte das Zauberpferd.

Paulchen schaute hinunter.

„Das ist ja der Wiesenhof!", rief er. „Und sieh nur, da unten reitet Maja auf meinem Rücken an den Gänsen vorbei." „Richtig, und schau dir die anderen Ponys an", sagte das weiße Zauberpferd. „Du gehst einfach an den Gänsen vorbei, während die anderen vor Angst zittern oder davonlaufen. Ihre Besitzer wünschen sich bestimmt, die Ponys wären dir ein bisschen ähnlicher."

Das weiße Zauberpferd bäumte sich auf und schüttelte seine flatternde Mähne. Die Landschaft unter ihnen veränderte sich. „Die Weide!", bemerkte Paulchen lächelnd. Er sah zu, wie Maja die Weide betrat. Wie immer galoppierte er freudig auf sie zu. Um ihn herum stoben die anderen Ponys mit stampfenden Hufen auseinander.
Sie wollten ihre Besitzer nicht begrüßen.

Dann beobachtete Paulchen, wie die
Kinder ihre Ponys sattelten.
Lächelnd sah er zu, wie er und
Maja die Nasen aneinander
rieben. Das war eins ihrer
Lieblingsspiele. Hinter Paulchen stand
Toto. Er legte die Ohren an und trat mit
dem Hinterhuf nach einem Jungen.

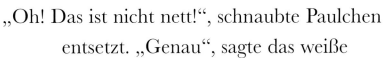

„Oh! Das ist nicht nett!", schnaubte Paulchen
entsetzt. „Genau", sagte das weiße
Zauberpferd. „Was morgen geschieht,
spielt keine Rolle. Du bist mutig, treu
und freundlich. Du bist das richtige
Pony für Maja. Sei auf dem Reiterfest
einfach nur du selbst, dann wird dir
alles gelingen!"

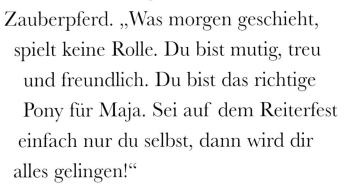

Als Paulchen am nächsten
Morgen erwachte, fühlte er
sich viel besser. Maja flocht
ihm Schwanz und Mähne,
striegelte sein Fell, bis es
glänzte, und pinselte seine
Hufe mit Huffett ein.
Paulchen schöpfte fast ein
wenig Hoffnung. Er sah toll
aus. Aber das taten die
anderen Ponys auch …

Der Springwettbewerb begann. Als Paulchen den Platz betrat, fiel ihm die gescheiterte Übung vom vergangenen Abend wieder ein. Dann aber dachte er an das weiße Zauberpferd. „Sei auf dem Reiterfest einfach du selbst, dann wird dir alles gelingen!"

Paulchen konzentrierte sich auf die Hindernisse, dann trabte er gleichmäßig los. Langsam, aber sicher überwand er jedes Hindernis. „Fast geschafft", dachte er, als er zum letzten Sprung ansetzte. Doch in diesem Moment riss er mit dem Hinterhuf eine Stange herunter. Sie polterte zu Boden. Das arme Paulchen konnte es nicht fassen! Aber Maja freute sich, denn sie belegten den vierten Platz und gewannen eine grüne Schleife.

Beim Eierritt trabte Paulchen so gleichmäßig, dass Maja ihr Ei nicht ein einziges Mal fallen ließ. Aber die Eier der anderen Kinder fielen mal in diese, mal in jene Richtung.

Maja und Paulchen gewannen zwar nicht, wurden aber Dritte und erhielten eine gelbe Schleife.

Im Slalom schnitten sie sogar noch besser ab, obwohl es Paulchen mit seinem runden Bauch schwer fiel, sich schnell an den Stangen vorbeizuwinden.

„Gut gemacht", sagte der Preisrichter, als er Paulchen eine hübsche blaue Schleife für den zweiten Platz anheftete.

Der letzte Wettbewerb war die Pferdeschau. „Die anderen Ponys sind viel eleganter als ich", dachte Paulchen. Aber als er seine Runde über den Platz drehte, fielen ihm wieder die Worte des weißen Zauberpferdes ein:

„Sei mutig, Paulchen, folge mir!

Das beste Pony zeig ich dir."

Und er freute sich so sehr, dass er erst nach einigen Augenblicken hörte, wie der Preisrichter Maja und ihn zu sich rief. „Gewonnen haben: Paulchen und Maja!", verkündete der Preisrichter und heftete eine rosa Schleife an Paulchens Zaumzeug. Dann legte er Maja etwas Glänzendes um den Hals.

„Hiermit verleihe ich dir den Glücksbringer-Hufeisenpreis als Siegerin des Reitfestes", sagte er und lächelte Maja an. Als Paulchen die Kette sah, hielt er vor Überraschung den Atem an. Es war der gleiche Anhänger wie der, den das weiße Zauberpferd getragen hatte! Vielleicht war es doch kein Traum gewesen?!

„Danke, weißes Zauberpferd", flüsterte Paulchen leise.

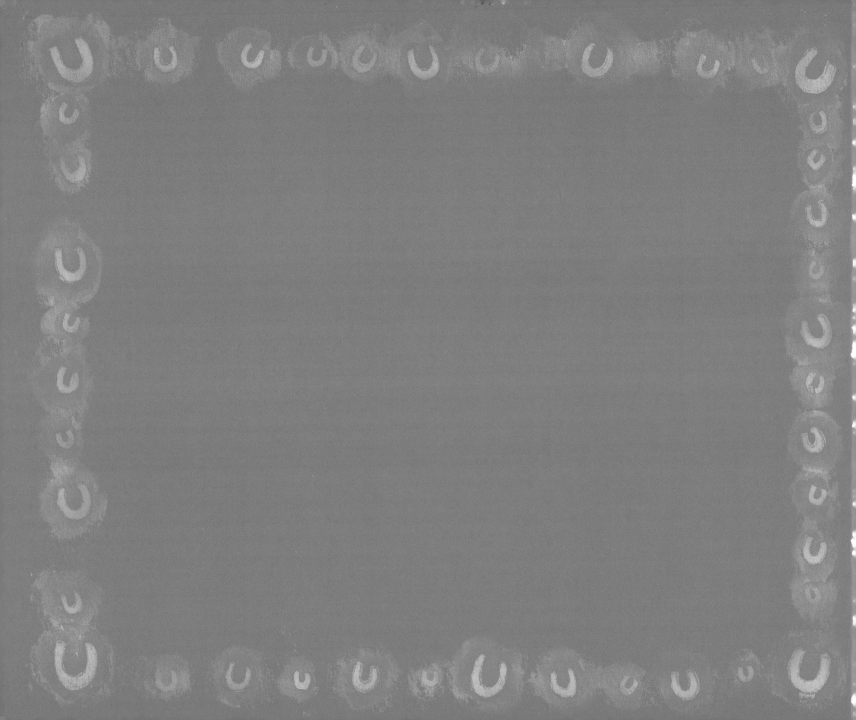